THE
PLATINUM
BOOK

GW00367920

slk

chord

chord song

book o

Wise Publications
London/New York/Sydney/ Paris/Copenhagen/Madrid/Tokyo

The *Six Chord Songbook Platinum* allows even the beginner guitarist to play and enjoy the best rock and pop tunes. With the maximum of 6 chords for each song, you'll soon master playing your favourite hits.

The *Six Chord Songbook* doesn't use musical notation. Throughout the book chord boxes are printed at the head of each song; the chord changes are shown above the lyrics. It's left up to you, the guitarist, to decide on a strum rhythm or picking pattern.

You might find the pitch of the vocal line is not always comfortable because it is pitched too high or two low. In that case, you can change the key without learning a new set of chords; simply place a capo behind a suitable fret.

Whatever you do, this *Six Chord Songbook* guarantees hours of enjoyment for guitarists of all levels, as well as providing a fine basis for building a strong repertoire.

Exclusive distributors:
Music Sales Limited
8/9 Frith Street,
London W1D 3JB, England.
Music Sales Pty Limited
120 Rothschild Avenue
Rosebery, NSW 2018,
Australia.

Order No.AM959002
ISBN 0-7119-8202-3
This book © Copyright 2000 by Wise Publications

Compiled by Nick Crispin
Music processed by The Pitts
Cover design by Chloë Alexander
Photographs courtesy of Retna & London Features International

Printed in the United Kingdom by
Printwise (Haverhill) Limited, Suffolk.

Music Sales' complete catalogue describes thousands of titles
and is available in full colour sections by subject, direct from
Music Sales Limited. Please state your areas of interest and
send a cheque/postal order for £1.50 for postage to:
Music Sales Limited, Newmarket Road, Bury St. Edmunds, Suffolk IP33 3YB.

www.musicsales.com

Relative Tuning

The guitar can be tuned with the aid of pitch pipes or dedicated electronic guitar tuners which are available through your local music dealer. If you do not have a tuning device, you can use relative tuning. Estimate the pitch of the 6th string as near as possible to E or at least a comfortable pitch (not too high, as you might break other strings in tuning up). Then, while checking the various positions on the diagram, place a finger from your left hand on the:

5th fret of the E or 6th string and **tune the open A** (or 5th string) to the note (A)

5th fret of the A or 5th string and **tune the open D** (or 4th string) to the note (D)

5th fret of the D or 4th string and **tune the open G** (or 3rd string) to the note (G)

4th fret of the G or 3rd string and **tune the open B** (or 2nd string) to the note (B)

5th fret of the B or 2nd string and **tune the open E** (or 1st string) to the note (E)

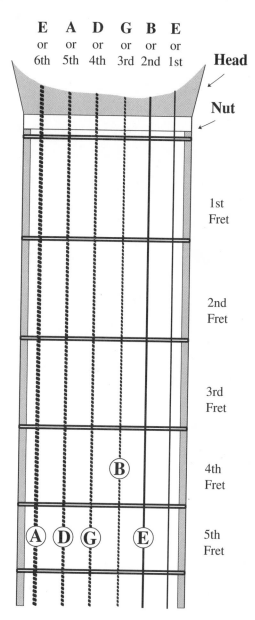

Reading Chord Boxes

Chord boxes are diagrams of the guitar neck viewed head upwards, face on as illustrated. The top horizontal line is the nut, unless a higher fret number is indicated, the others are the frets.

The vertical lines are the strings, starting from E (or 6th) on the left to E (or 1st) on the right.

The black dots indicate where to place your fingers.

Strings marked with an O are played open, not fretted.

Strings marked with an X should not be played.

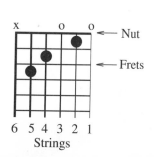

Come Together

Words & Music by
John Lennon & Paul McCartney

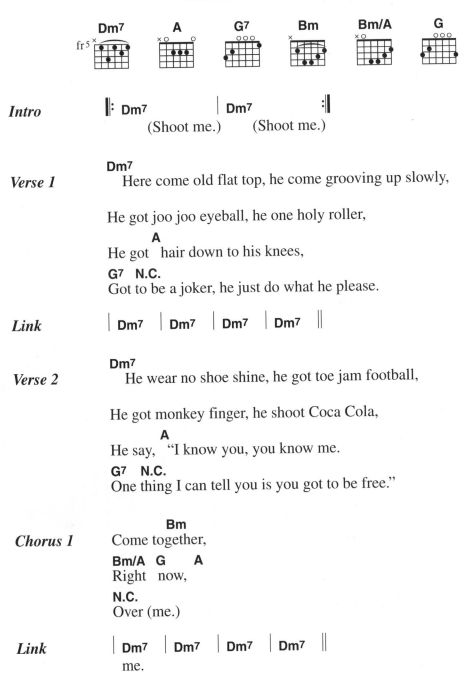

Intro

‖: Dm7 | Dm7 :‖
     (Shoot me.)   (Shoot me.)

Verse 1

Dm7
   Here come old flat top, he come grooving up slowly,

He got joo joo eyeball, he one holy roller,

     A
He got hair down to his knees,

G7 N.C.
Got to be a joker, he just do what he please.

Link

| Dm7 | Dm7 | Dm7 | Dm7 ‖

Verse 2

Dm7
   He wear no shoe shine, he got toe jam football,

He got monkey finger, he shoot Coca Cola,

       A
He say, "I know you, you know me.

G7 N.C.
One thing I can tell you is you got to be free."

Chorus 1

       Bm
Come together,

Bm/A G   A
Right   now,

N.C.
Over (me.)

Link

| Dm7 | Dm7 | Dm7 | Dm7 ‖
me.

Verse 3

Dm⁷
He bag production, he got walrus gumboot,

He got Ono sideboard, he one spinal cracker,

A
He got feet down below his knee,

G⁷   N.C.
Hold you in his armchair, you can feel his disease.

Chorus 2

Bm
Come together,

Bm/A   G   A
Right   now,

N.C.
Over (me.)

Link

| Dm⁷ | Dm⁷ | Dm⁷ | Dm⁷ | Dm⁷ | Dm⁷ |
| me. | | (Right!) | | | (Come.) |

| A | A | A | A | Dm⁷ | Dm⁷ |
| (Come.) | | | | | |

Verse 4

Dm⁷
He roller coaster, he got early warning,

He got muddy water, he one mojo filter,

A
He say,   "One and one and one is three."

G⁷   N.C.
Got to be good looking 'cause he's so hard to see.

Chorus 3

Bm
Come together,

Bm/A   G   A
Right   now,

N.C.
Over (me.)

Link

| Dm⁷ | Dm⁷ | Dm⁷ | Dm⁷ | Dm⁷ | Dm⁷ |
| me. | | | | Oh! | |

Coda

‖: Dm⁷
    Come together, yeah! :‖ *Repeat to fade*

Dedicated Follower Of Fashion

Words & Music by
Ray Davies

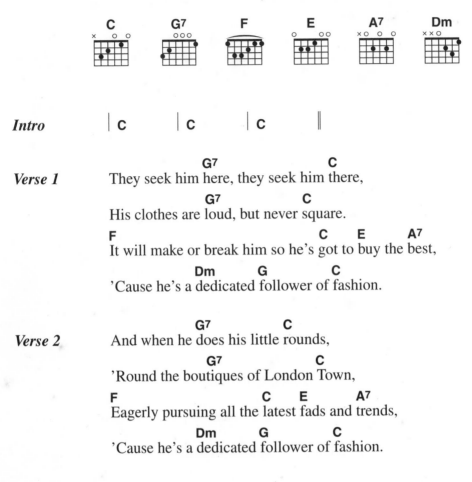

Intro | C | C | C |

Verse 1

                   G7   C
They seek him here, they seek him there,
            G7   C
His clothes are loud, but never square.
F   C   E   A7
It will make or break him so he's got to buy the best,
          Dm   G   C
'Cause he's a dedicated follower of fashion.

Verse 2

               G7   C
And when he does his little rounds,
           G7   C
'Round the boutiques of London Town,
F   C   E   A7
Eagerly pursuing all the latest fads and trends,
          Dm   G   C
'Cause he's a dedicated follower of fashion.

Chorus 1

       G7   **C**
Oh yes he is (oh yes he is), oh yes he is (oh yes he is).

   F   **C**
He thinks he is a flower to be looked at,

    F   **C**   **E**   **A7**
And when he pulls his frilly nylon panties right up tight,

       Dm   **G**   **C**
He feels a dedicated follower of fashion.

       G7   **C**
Oh yes he is (oh yes he is), oh yes he is (oh yes he is).

     F   **C**
There's one thing that he loves and that is flattery.

F   **C**   **E**   **A7**
One week he's in polka-dots, the next week he is in stripes.

       Dm   **G**   **C**
'Cause he's a dedicated follower of fashion.

Verse 3

       G7   **C**
They seek him here, they seek him there,

   G7   **C**
In Regent Street and Leicester Square.

F   **C**   **E**   **A7**
Everywhere the Carnabetian army marches on,

       Dm   **G**   **C**
Each one a   dedicated follower of fashion.

Chorus 2

       G7   **C**
Oh yes he is (oh yes he is), oh yes he is (oh yes he is).

   F   **C**
His world is built 'round discotéques and parties.

    F   **C**   **E**   **A7**
This pleasure-seeking individual always looks his best

      Dm   **G**   **C**
'Cause he's a dedicated follower of fashion.

       G7   **C**
Oh yes he is (oh yes he is), oh yes he is (oh yes he is).

   F   **C**
He flits from shop to shop just like a butterfly.

    F   **C**   **E**   **A7**
In matters of the cloth he is as fickle as can be,

       Dm   **G**   **C**   **A7**
'Cause he's a dedicated   follower of fashion.

Outro

      Dm   **G**   **C**   **A7**
He's a dedicated follower of fashion.

      Dm   **G**   **C**
He's a dedicated follower of fashion.

An Englishman In New York

Words & Music by
Sting

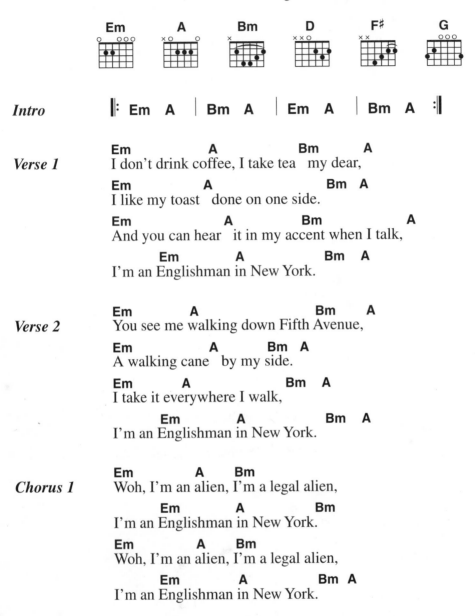

Intro   ‖: Em A | Bm A | Em A | Bm A :‖

Verse 1
Em   A   Bm   A
I don't drink coffee, I take tea   my dear,
Em   A   Bm A
I like my toast   done on one side.
Em   A   Bm   A
And you can hear   it in my accent when I talk,
           Em   A   Bm A
I'm an Englishman in New York.

Verse 2
Em   A   Bm   A
You see me walking down Fifth Avenue,
Em   A   Bm A
A walking cane   by my side.
Em   A   Bm   A
I take it everywhere I walk,
           Em   A   Bm A
I'm an Englishman in New York.

Chorus 1
Em   A   Bm
Woh, I'm an alien, I'm a legal alien,
           Em   A   Bm
I'm an Englishman in New York.
Em   A   Bm
Woh, I'm an alien, I'm a legal alien,
           Em   A   Bm A
I'm an Englishman in New York.

Verse 3

```
Em          A              Bm       A
If manners maketh man as someone said,
Em     A       Bm    A
He's the hero of the day.
Em       A           Bm                A
It takes a man to suffer ignorance and smile,
     Em        A          Bm   A
Be yourself no matter what they say.
```

Chorus 2   As Chorus 1

Bridge

```
D                        A
Modesty, propriety, can lead to notoriety
Bm                              F♯
But you could end up as the only one.
G                    A
Gentleness, sobriety, are rare in this society,
     F♯                        Bm
At night a candle's brighter than the sun.
```

Instrumetal   ‖: Em A │ Bm A │ Em A │ Bm A :‖

Drums   │ N.C │ N.C │ N.C │ N.C ‖

Verse 4

```
Em               A            Bm    A
Takes more than combat gear to make a   man,
Em              A            Bm   A
Takes more than a license for a gun,
Em          A         Bm               A
Confront your enemies, avoid them when you can,
    Em        A         Bm   A
A gentleman will walk but never run.
```

Verse 5

```
Em          A              Bm       A
If manners maketh man as someone said,
Em     A       Bm    A
He's the hero of the day.
Em         A         Bm              A
It takes a man to suffer ignorance and smile,
       Em     A              Bm   A
‖: Be yourself, no matter what they say. :‖
```

```
     Em    A    Bm           A
‖: I'm an alien, I'm a legal alien,
        Em       A        Bm   A
I'm an Englishman in New York.      :‖     Repeat to fade
```

9

Highway To Hell

Words & Music by
Bon Scott, Angus Young & Malcolm Young

A   D/F#   G5   E5   D/A   Dsus4/A

Intro

A ‖:   D/F# G5 | D/F# G5 |

| D/F# G5   D/F# A | A   A   :‖

Verse 1

(A)   D/F# G5   D/F# G5
   Livin' easy,   liv'n free,

D/F# G5   D/F# A
   Season ticket on a one way ride.

       D/F# G5   D/F# G5
Askin' nothin',   leave me be,

D/F# G5   D/F# A
   Takin' ev'ry - thin' in my stride.

        D/F# G5   D/F# G5
Don't need reason,   don't need rhyme,

D/F# G5   D/F# A
   Ain't nothin'   I'd rather do.

      D/F# G5   D/F# G5
Goin' down,   party time,

D/F# G5   D/F# E5
   My friends are gonna be there too.

Chorus 1

(E5)   A   D/A
   I'm on the highway to hell,

G5 D/F#   A   D/A
   On the highway to hell.

G5   D/F#   A   D/A
   I'm on the highway to hell,

G5   D/F#   A   D/A | D/A   A ‖
   I'm on the highway to hell.

Verse 2

(A)   D/F# G5   D/F# G5
   No stop signs,   speed limit,

D/F# G5 D/F#   A
   Nobody's gonna slow me down.

cont.

         D/F♯ G5   **D/F♯ G5**
Like a wheel,   gonna spin it,

D/F♯ G5   **D/F♯**   **A**
    Nobody's gonna mess me around.

         D/F♯ G5   **D/F♯ G5**
Hey Satan,   pay'n' my dues,

D/F♯ G5   **D/F♯**   **A**
    Playin' in a rockin' band.

          D/F♯ G5   **D/F♯ G5**
Hey, momma,   look at me,

D/F♯   **G5**   **D/F♯**   **E5**
I'm on my way to the promised land.

Chorus 2

E5   **A**   **D/A**
  I'm on the highway to hell,

G5 D/F♯ **A**   **D/A**
  On the highway to hell.

G5   **D/F♯** **A**   **D/A**
  I'm on the highway to hell,

G5   **D/F♯** **A**   **D/A** | **D/A** **Dsus4/A** **D/A** |
  I'm on the highway to hell.

            | **D/A** **Dsus4/A** **D/A** | **D/A** **Dsus4/A** **D/A** ||
Don't stop me!

Solo   ‖: **A**   **D/A** | **D/A**   **G5 D/F♯** :‖   *Play 4 times*

Chorus 3

(G5   **D/A) A**   **D/A**
  I'm on the highway to hell,

G5 D/F♯ **A**   **D/A**
  On the highway to hell.

G5   **D/F♯** **A**   **D/A**
  I'm on the highway to hell,

G5   **D/F♯** **A** | **N.C. G5** **D/F♯** ||
  I'm on the highway to…

Chorus 4

         A   **D/A**
I'm on the highway to hell,

G5 D/F♯ **A**   **D/A**
  On the highway to hell.

G5   **D/F♯** **A**   **D/A**
  I'm on the highway to hell,

G5   **D/F♯** **A**   **D/A**
  I'm on the highway to hell.

                    A
And I'm goin down all the way,

On the highway to hell.

I Am The Resurrection

Words & Music by
John Squire & Ian Brown

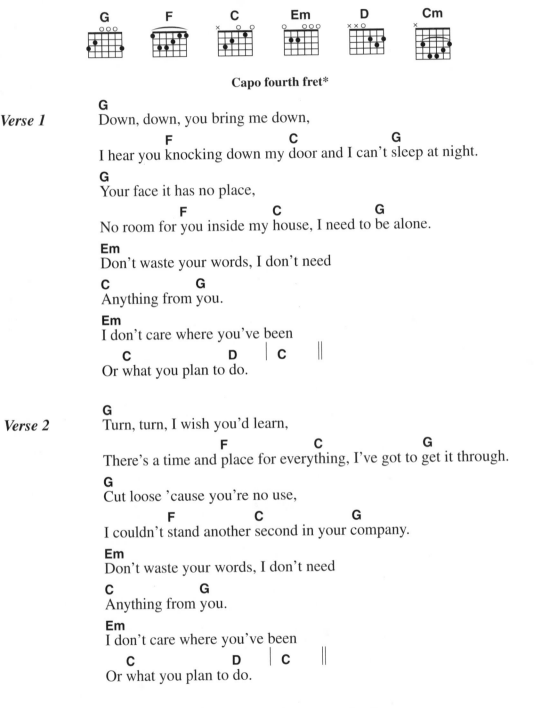

Capo fourth fret*

Verse 1

G
Down, down, you bring me down,
       F   **C**   **G**
I hear you knocking down my door and I can't sleep at night.
G
Your face it has no place,
         F   **C**   **G**
No room for you inside my house, I need to be alone.

Em
Don't waste your words, I don't need
C   **G**
Anything from you.

Em
I don't care where you've been
    C   **D** | **C** ||
Or what you plan to do.

Verse 2

G
Turn, turn, I wish you'd learn,
        F   **C**   **G**
There's a time and place for everything, I've got to get it through.
G
Cut loose 'cause you're no use,
       F   **C**   **G**
I couldn't stand another second in your company.

Em
Don't waste your words, I don't need
C   **G**
Anything from you.

Em
I don't care where you've been
    C   **D** | **C** ||
Or what you plan to do.

***Chord names refer to capoed guitar**

Verse 3

G
Stone me, why can't you see

             F   C   G
You're a no-one, nowhere washed up baby who'd look better dead.

G
Your tongue is far too long,

             F   C   G
I don't like the way it sucks and slurps upon my every word.

Em
Don't waste your words, I don't need

C
Anything from you.

Em
I don't care where you've been

    C   D | D   ‖
Or what you plan to do.

Chorus 1

C   Cm   G
I am the resurrection and I am the light,

C   Cm
I couldn't ever bring myself

   G   Em | Em | C | G   ‖
To hate you as I'd like.

Instrumental | Em | Em | C | G |

| Em | Em | C | D | D   ‖

Chorus 2

C   Cm   G
I am the resurrection and I am the light,

C   Cm
I couldn't ever bring myself

   G   Em | Em | C | G |
To hate you as I'd like.

| Em | Em | C | G   ‖
Oo, _____ ooh.

Repeat ad lib. to fade

Outro   ‖: C | G | C | G | C | G | C | G   :‖

Live Forever

Words & Music by
Noel Gallagher

G	D	Am⁷	C	Em⁷	Fsus²

Verse 1

        G   **D**
Maybe I don't really want to know

               Am⁷
How your garden grows,

C   **D**
I just want to fly.

G   **D**
Lately, did you ever feel the pain

            Am⁷
In the morning rain

        C   **D**   **Em⁷**
As it soaks you to the bone.

Chorus 1

                    D
Maybe I just want to fly,

                       Am⁷
I want to live, I don't want to die,

              C
Maybe I just want to breathe,

        D   **Em⁷**
Maybe I just don't believe.

                    D
Maybe you're the same as me,

                  Am⁷
We see things they'll never see,

                 Fsus²
You and I are gonna live forever.

Verse 2

        G   **D**
I said maybe really I don't want to know
          Am7
How your garden grows,
C   **D**
I just want to fly.
G   **D**
Lately, did you ever feel the pain
         Am7
In the morning rain
       C   **D**   **Em7**
As it soaks you to the bone.

Chorus 2

              D
Maybe I will never be
            Am7
All the things I want to be,
           C
But now is not the time to cry,
      D   **Em7**
Now's the time to find out why
            D
I think you're the same as me,
           Am7
We see things they'll never see,
         Fsus2
You and I are gonna live forever.

Guitar solo   Chords as Verse 1 and Chorus 1

Verse 3   As Verse 1

Chorus 3   As Chorus 1

      ‖: **Am7**   **Fsus2**
        Gonna live forever. :‖ *Play 6 times*

              Play 8 times
Guitar solo ‖: **Am7** | **Fsus2** :‖ **Am7**   ‖

Love Is All Around

Words & Music by
Reg Presley

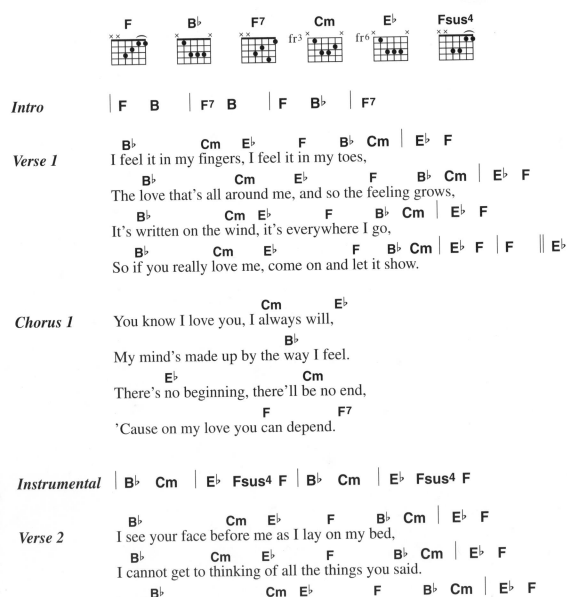

Intro
| F   B | F7   B | F   B♭ | F7 |

Verse 1

B♭   Cm   E♭   F   B♭ Cm | E♭ F
I feel it in my fingers, I feel it in my toes,

B♭   Cm   E♭   F   B♭ Cm | E♭ F
The love that's all around me, and so the feeling grows,

B♭   Cm E♭   F   B♭ Cm | E♭ F
It's written on the wind, it's everywhere I go,

B♭   Cm   E♭   F   B♭ Cm | E♭ F | F | | E♭
So if you really love me, come on and let it show.

Chorus 1

                  Cm   E♭
You know I love you, I always will,

               B♭
My mind's made up by the way I feel.

E♭   Cm
There's no beginning, there'll be no end,

                F   F7
'Cause on my love you can depend.

Instrumental
| B♭ Cm | E♭ Fsus4 F | B♭ Cm | E♭ Fsus4 F

Verse 2

B♭   Cm E♭   F   B♭ Cm | E♭ F
I see your face before me as I lay on my bed,

B♭   Cm   E♭   F   B♭ Cm | E♭ F
I cannot get to thinking of all the things you said.

B♭   Cm E♭   F   B♭ Cm | E♭ F
You gave your promise to me and I gave mine to you,

B♭   Cm E♭   F   B♭ Cm | E♭ F | F | | E♭
I need someone beside me in everything I do.

Chorus 2

      (E♭)   **Cm**   **E♭**
You know I love you, I always will,

                        B♭
My mind's made up by the way I feel.

    E♭   **Cm**
There's no beginning, there'll be no end,

                   F   **F7** **B♭** | **F7** **B♭** | **F**
'Cause on my love you can depend.

        B♭   **F7**
Got to keep it moving.

Verse 3

    B♭   **Cm** **E♭**   **Fsus4** **F** **B♭** **Cm** | **E♭** **F**
It's written in the wind, oh, everywhere I go,

    B♭   **Cm** **E♭**   **Fsus4** **F**   **B♭** **Cm** | **E♭**
So if you really love me, come on and let it show,

      F
Come on and let it (show).

    B♭   **Cm**
‖: Come on and let it,

E♭   **Fsus4** **F**
Come on and let   it,

B♭   **Cm** **E♭** **Fsus4** **F**
Come on and let it show.   :‖   *Repeat to fade*

A Little Time

Words & Music by
Paul Heaton & Dave Rotheray

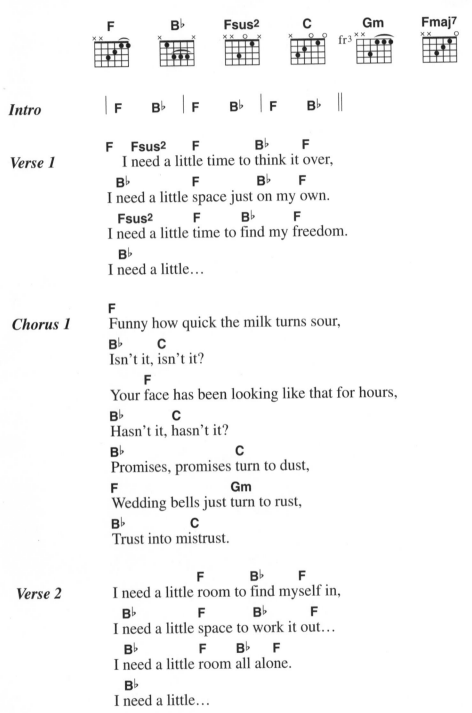

Intro

| F   Bb | F   Bb | F   Bb ||

Verse 1

    F Fsus2   F   Bb   F
I need a little time to think it over,
Bb   F   Bb   F
I need a little space just on my own.
   Fsus2   F   Bb   F
I need a little time to find my freedom.
   Bb
I need a little…

Chorus 1

F
Funny how quick the milk turns sour,
Bb   C
Isn't it, isn't it?
     F
Your face has been looking like that for hours,
Bb   C
Hasn't it, hasn't it?
Bb   C
Promises, promises turn to dust,
F   Gm
Wedding bells just turn to rust,
Bb   C
Trust into mistrust.

Verse 2

         F   Bb   F
I need a little room to find myself in,
  Bb   F   Bb   F
I need a little space to work it out…
  Bb   F   Bb F
I need a little room all alone.
  Bb
I need a little…

Chorus 2

    F
You need a little room for your big head,
B♭   **C**
Don't you, don't you?
     F
You need a little space for a thousand beds,
B♭   **C**
Won't you, won't you?
B♭   **C**
Lips that promise, fear the worst,
F   **Gm**
Tongue so sharp, the bubble burst,
B♭   **C**
Just into un - just.

Instrumental | **Fmaj7 B♭** | **Fmaj7 B♭** | **Fmaj7 B♭** | **Fmaj7 B♭** |

                | **Fmaj7 B♭** | **Fmaj7 B♭** | **Fmaj7 B♭** ||

Verse 3

Fma7 B♭   **F**   **B♭**   **F**
  I've had a little time to find the truth.
        B♭   **F**   **B♭**   **F**
Now I've had a little room to check what's wrong.
     B♭   **F**   **B♭** **F**
I've had a little time and I still   love you.
     B♭
I've had a little…

Chorus 3

     F
You had a little time and you had a little fun,
B♭   **C**
Didn't you, didn't you?
       F
While you had yours do you think I had none,
B♭   **C**
Do you, do you?
       B♭   **C**
The freedom that you wanted bad
    F   **Gm**
Is yours for good, I hope you're glad.
B♭   **C**
Sad into un - sad.

Verse 4

Fmaj7
I had a little time

Fsus2 Fmaj7
To think it __ over.

Fsus2   Fmaj7
Had a little room

Fsus2 Fmaj7
To work it out.

Fsus2   F
I found a little courage

Fsus2 Fmaj7
To call it off.

Outro

Fmaj7
I've had a little time,

I've had a little time,

I've had a little time,

F
I've had a little time.

Man! I Feel Like A Woman!

Words & Music by
Shania Twain & R.J. Lange

A   D   G   E   fr4 C#m   F#m

Capo first fret

Intro | A | A | A | A | A | A ||

Let's go girls!   Come on!

Verse 1
       A
I'm going out tonight, I'm feelin' alright,
              D A
Gonna let it all hang out. ___

Wanna make some noise, really raise my voice,
             D   A
Yeah, I wanna scream and shout. ___

| A | A ||

Verse 2
     A
No inhibitions, make no conditions,
          D   A
Get a little outta line. ___

I ain't gonna act politically correct,
            D   A
I only wanna have a good time. ___

Pre-chorus 1
  G
    The best thing about being a woman
  A
    Is the prerogative to have a little fun, and…

Chorus 1
    E
     Oh, oh, oh, go totally crazy, forget I'm a lady,

Men's shirts, short skirts.

cont.

         C#m   **A**   **E**
Oh, oh, oh, really go wild, yeah, doin' it in style,

Oh, oh, oh, get in the action, feel the attraction,

Colour my hair, do what I dare.
         C#m   **A**   **F#m**
Oh, oh, oh, I wanna be free, yeah, to feel the way I feel,
N.C.
Man! I feel like a woman!

| A | A | D | ‖ |

Verse 3

    A
The girls need a break, tonight we're gonna take
                        D A
The chance to get out on the town. ___

We don't need romance, we only wanna dance,
                       D A
We're gonna let our hair hang down. ___

Pre-chorus 2

G
  The best thing about being a woman
A
  Is the prerogative to have a little fun, and…

Chorus 2

E
  Oh, oh, oh, go totally crazy, forget I'm a lady,

Men's shirts, short skirts.
         C#m   **A**   **E**
Oh, oh, oh, really go wild, yeah, doin' it in style,

Oh, oh, oh, get in the action, feel the attraction,

Colour my hair, do what I dare.
         C#m   **A**   **F#m**
Oh, oh, oh, I wanna be free, yeah, to feel the way I feel,
N.C.
Man! I feel like a woman!

Guitar solo   ‖: G | D | A | A :‖

Pre-chorus 3   **G**
        The best thing about being a woman

        A
        Is the prerogative to have a little fun, fun, fun…

Chorus 3   **E**
        Oh, oh, oh, go totally crazy, forget I'm a lady,

        Men's shirts, short skirts.
        C♯m   **A**   **E**
       Oh, oh, oh, really go wild, yeah, doin' it in style,

       Oh, oh, oh, get in the action, feel the attraction,

       Colour my hair, do what I dare.
       C♯m   **A**   **F♯m**
       Oh, oh, oh, I wanna be free, yeah, to feel the way I feel,
       N.C.
       Man! I feel like a woman!

Outro | **A** | **A** | **G** | **D** |
                  Oh, — oh, yeah, yeah.
       A
       I get totally crazy,
       G
       Can you feel it?
       D   **A** | **A** | **G** |
       Come, come, come on baby,
       D   **A**
       I feel like a woman.

Pick A Part That's New

Words by Kelly Jones
Music by Kelly Jones, Richard Jones & Stuart Cable

A   D   E   Asus2   Dsus2   Dm   fr5

Intro

| A | D | A | D | |
| A | D | E | E   D ‖ |

Verse 1

Asus2
I've never been here before,

           Dsus2
Didn't know where to go,

Never met you before.

Asus2
I've never been to your home,

         Dsus2
That smell's not unknown,

         E
Footsteps made of stone.

          D
Walking feels familiar.

Chorus 1

Asus2   **Dsus2**
You can do all the things that you'll like to do,

Asus2   **Dsus2**
All around, underground, pick a part that's new.

Asus2   **Dsus2**
You can do all the things that you'll like to do,

Asus2   **Dsus2**   **E**   **D**
All around, upside down, pick a part that's new.

Verse 2

Asus2
  People drinking on their own,
              Dsus2
Push buttons on the phone,

Was I here once before?
Asus2
  Is that my voice on the phone?
               Dsus2
That last drink on my own.
            E
Did I ever leave at all?
              D
Confusion's familiar.

Chorus 2   As Chorus 1

Solo   ‖: A | A | Dm | Dm :‖

             | E | E D ‖

Chorus 3

Asus2   **Dsus2**
  You can do all the things that you'll like to do,
Asus2   **Dsus2**
  All around, underground, pick a part that's new.
Asus2   **Dsus2**
  You can do all the things that you'll like to do,
Asus2   **Dsus2**
  All around, upside down, anything that's new.

Chorus 4

Asus2   **Dsus2**
  You can do all the things that you'll like to do,
Asus2   **Dsus2**
  All around, underground, pick a part that's new.
Asus2   **Dsus2**
  You can do all the things that you'll like to do,
Asus2   **Dsus2**   **E**
  All around, upside down, pick a part that's new.

Coda

E
So what's new to you?

So what's new to you?
            D **A**
What's new to you?

No Woman, No Cry

Words & Music by
Vincent Ford

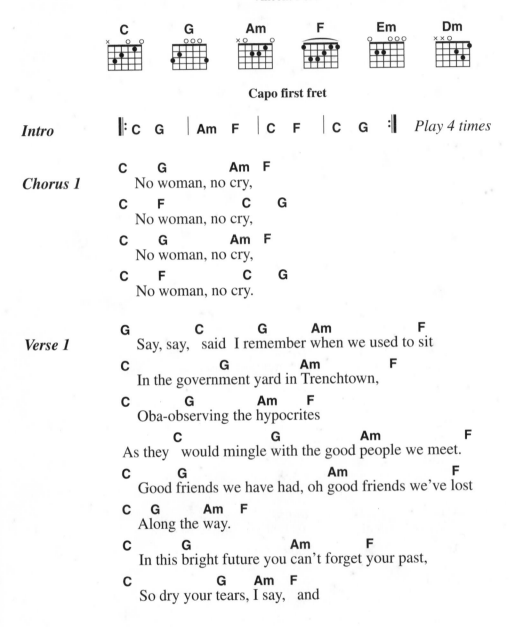

Capo first fret

Intro ‖: C G │ Am F │ C F │ C G :‖ *Play 4 times*

Chorus 1

    C   G   Am F
    No woman, no cry,
    C   F   C   G
    No woman, no cry,
    C   G   Am F
    No woman, no cry,
    C   F   C   G
    No woman, no cry.

Verse 1

  G   C   G   Am   F
    Say, say, said I remember when we used to sit
  C   G   Am   F
    In the government yard in Trenchtown,
  C   G   Am   F
    Oba-observing the hypocrites
            C   G   Am   F
  As they would mingle with the good people we meet.
  C   G   Am   F
    Good friends we have had, oh good friends we've lost
  C G   Am F
    Along the way.
  C   G   Am   F
    In this bright future you can't forget your past,
  C   G Am F
    So dry your tears, I say, and

Chorus 2

```
    C    G         Am  F
    No woman, no cry,
    C    F          C    G
    No woman, no cry,
    C    G         Am        F
    Eee  little darlin',  don't shed no tears,
    C    F          C    G
    No woman, no cry.
```

Verse 2

```
              C       G      Am            F
    Said, said,  said I remember when we used to sit
    C          G            Am        F
    In the government yard in Trenchtown,
    C          G            Am        F
    And then Georgie would make the fire light
              C       G            Am    F
    As it was  log wood burnin' through the night.
    C          G         Am            F
    Then we would cook corn meal porridge
    C          G        Am   F
    Of which I'll share with you.
    C    G      Am      F
    My feet is my only carriage
    C    G          Am
    So I've got to push on through,
      F            G
    But while I'm gone I mean.
```

Bridge

```
    ‖:  C                  G
        Ev'rything's gonna be alright,
    Am                F    G
        Ev'rything's gonna be alright.  :‖   Play 4 times
```

Chorus 3

```
        C            G    Am F
    No woman, no cry, —
            C        F         C    G
    No, no woman, no woman, no cry.
    C        G    Am        F
        Oh, little sister, don't shed no tears,
    C    F          C    G
        No woman, no cry.
```

Solo

```
    ‖: C  G  | Am  F | C  F  | C  G  :‖   Play 4 times
```

Verse 3

```
            C          G       Am              F
Said, said,   said I remember when we used to sit
    C         G          Am          F
  In the government yard in Trenchtown,
    C         G          Am          F
  And then Georgie would make the fire light
              C          G               Am        F
As it was   log wood burnin' through the night.
    C              G        Am              F
  Then we would cook corn meal porridge
    C              G        Am   F
  Of which I'll share with you.
    C    G        Am      F
  My feet is my only carriage
    C          G           Am
  So I've got to push on through,
      F                  G
But while I'm gone I mean.
```

Chorus 4

```
    C    G          Am   F
  No woman, no cry,
    C    F           C    G
  No woman, no cry,
    C              G         Am           F
  Oh c'mon little darlin', say don't shed no tears,
    C    F          C    G
  No woman, no cry,   yeah!
```

Chorus 5

```
    C         G      Am            F
  (Little darlin', don't shed no tears,
    C    F          C    G
  No woman, no cry.
    C       F    C            C
  Little sister, don't shed no tears,
      F              C    G
No woman, no cry.)
```

Coda

```
| C   G    | Am   F | C   F | C   G    |

| C   G    | Am   F | C F Em Dm | C    ‖
```

Turn

Words & Music by
Fran Healy

D   G   Dmaj7   A   Em   D7

Capo second fret

Intro ‖ D ‖ D ‖ D ‖ D ‖

Verse 1
D   G
I want to see what people saw,

                              D
I want to feel like I felt   before.
Dmaj7   G
    I'd like to see the kingdom come,
                              A
I want to feel forever young.

Pre-chorus 1
D
    I want to sing,

To sing my song.
                    A   G
I want to live in a world where I belong. ——
Em
    I want to live,

I will survive,
                              A
And I believe that it won't be very long.

Chorus 1
              G   A
If we turn, turn, ——
       D   G
Turn, turn, turn.
G   A   D
Turn, turn, —— turn. ——

29

cont.
```
      G       A
If we turn, turn, ____
      D       G
Turn, turn, turn.
              G    A     Dmaj7
Then we might learn, ____ learn.
```

Verse 2
```
         (Dmaj7)
     So where's the stars?
              G
Up in the sky.
```

And what's the moon?
```
              D
A big balloon.
Dmaj7                         G
   We'll never know unless we grow,
                             A
There's so much world outside the door.
```

Pre-chorus 2
```
    D
     I want to sing,
```

To sing my song.
```
         A        G
I want to live in a world where I'll be strong. ____
Em
    I want to live,
```

I will survive,
```
                 A
And I believe that it won't be very long.
```

Chorus 2
```
         G     A
     If we turn, turn, ____
      D       G
Turn, turn, turn.
G     A        D    D7
Turn, turn, ____ turn, ____
         G     A
If we turn, turn, ____
      D       G
Turn, turn, turn.
              G    A    D
Then we might learn, ____ learn.
```

Link

        A
We've got to turn, we've got to turn.

| G | A | D | G | G | A | D | D7 |

Chorus 3

       G   **A**
If we turn, turn, ____

   D   **G**
Turn, turn, turn.

G   **A**   **D**   **D7**
Turn, turn, ____ turn, ____

      G   **A**
If we turn, turn, ____

   D   **G**
Turn, turn, turn.

             G
Then we might learn,

     A   **D**
Learn to turn. _____

Coda   ‖: D | D | D | D :‖

The Kids Are Alright

Words & Music by
Pete Townshend

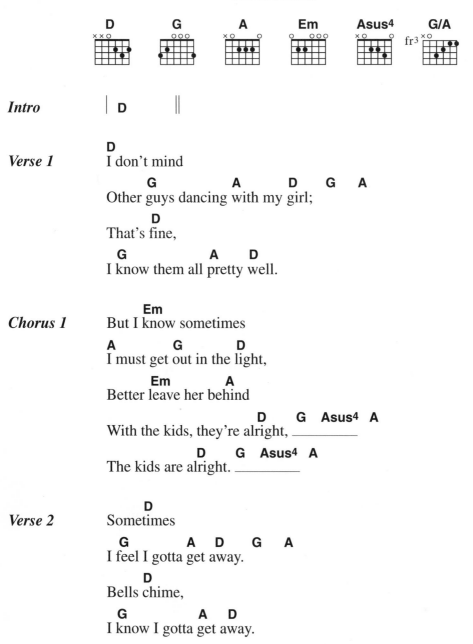

Intro | D ||

Verse 1
D
I don't mind
     G   A   D G A
Other guys dancing with my girl;
     D
That's fine,
    G   A   D
I know them all pretty well.

Chorus 1
           Em
But I know sometimes
 A   G   D
I must get out in the light,
         Em   A
Better leave her behind
                     D   G Asus⁴ A
With the kids, they're alright, _____
                 D   G Asus⁴ A
The kids are alright. _____

Verse 2
     D
Sometimes
   G   A D G A
I feel I gotta get away.
     D
Bells chime,
   G   A D
I know I gotta get away.

Chorus 2

        Em   **A**
And I know if I don't

     G   **D**
I'll go out of my mind,

        Em   **A**
Better leave her behind

                D   **G** **Asus4** **A**
With the kids, they're alright, _____

            D   **G** **Asus4** **A**
The kids are alright. _____

Link

| **A** | **A** | || |

Bridge

(A)   **G/A**
I know if I go things will be a lot better for her,

A   **G/A**
I had things planned but her folks wouldn't let her.

Verse 3

As Verse 1

Chorus 3

As Chorus 1

Link

| **A** | **A** | **G** | **G** | || |

Verse 4

As Verse 2

Chorus 4

As Chorus 2

Coda

               D   **G** **Asus4** **A**
The kids are alright, _____

               D
The kids are alright.

Under The Bridge

Words & Music by
Anthony Kiedis, Flea, John Frusciante & Chad Smith

| D | F# | C#m7 | F#m | E | F#m/C# |

Intro   ‖: D | F# | D | F# :‖ F# ‖

Verse 1
    C#m7
    Sometimes I feel like I don't have a father,

Sometimes I feel like my only friend

Is the city I live in, the city of cities,

Lonely as I am, together we cry, we cry, we cry.

Chorus 1
  F#m   E
I don't ever wanna feel
         F#m/C#
Like I did that day.
  F#m   E
Take me to the place I love,
         F#m/C#
Take me all the way.
  F#m   E
I don't ever wanna feel
         F#m/C#
Like I did that day.
  F#m   E
Take me to the place I love,
         F#m/C#
Take me all the way.

Link 1 | D | F# | D | F# ‖

Verse 2

C#m7
    I drive on the streets, 'cause he's my companion,

I walk through his fields, 'cause he knows who I am,

He sees my good deeds then he kisses me windy,

I never worried, and that is a lie.

Chorus 2   As Chorus 1

Link 2 | D | F# |

N.C.
One time… two time…

Three time… four time…

Verse 3

C#m7
    It's hard to believe, there's nobody out there,

It's hard to believe that I'm all alone.

At least I have his love, the city he loves me,

Lonely as I am, together we say.

Chorus 3   As Chorus 1

Link 3 | D | F# | D | F# | C#m7 ||

Chorus 4   As Chorus 1 with vocal ad lib.

Outro ||: D | F# | D | F# :|| F# ||

The Universal

Words & Music by
Damon Albarn, Graham Coxon, Alex James & David Rowntree

A   C#m   E   Bm   D   D/C#

fr4

Intro ‖: A   C#m | A   C#m :‖ *Play 3 times*

Verse 1
        A   C#m   A
This is the next century
C#m   A   C#m   A
Where the universal's free,
C#m   E   Bm
You can find it anywhere,
E   Bm
Yes the future's been sold.
A   C#m   A
Every night we're gone,
C#m   A   C#m   A
And to karaoke songs
C#m   E   Bm
How we like to sing along,
E
'Though the words are wrong.

Chorus 1
     A   D
It really, really, really could happen,
      A   D
Yes it really, really, really could happen.
       C#m
When the days they seem to fall through you,
    D   D/C#   Bm   E
Well just let them go.

Instrumental ‖: A   C#m | A   C#m :‖

© Copyright 1995 MCA Music Limited.
Universal/MCA Music Limited, 77 Fulham Palace Road, London W6.
All Rights Reserved. International Copyright Secured.

36

Verse 2

        A   C♯m   A
No one here is alone,

C♯m A   C♯m   A
Satellites in every home,

C♯m   E   Bm
Yes the universal's here,

E
Here for everyone.

 | A   C♯m | A   C♯m

          A   C♯m A
Every paper that you read

C♯m   E   Bm
Says tomorrow's your lucky day,

E
Well here's your lucky day.

Chorus 2   As Chorus 1

Chorus 3   As Chorus 1

Instrumental ‖: A | D | A | D |

              | C♯m | D D/C♯ | Bm | E   :‖

Coda | E | E | A   ‖

What A Beautiful Day

Words & Music by
Jonathan Sevink, Charles Heather, Simon Friend, Jeremy Cunningham & Mark Chadwick

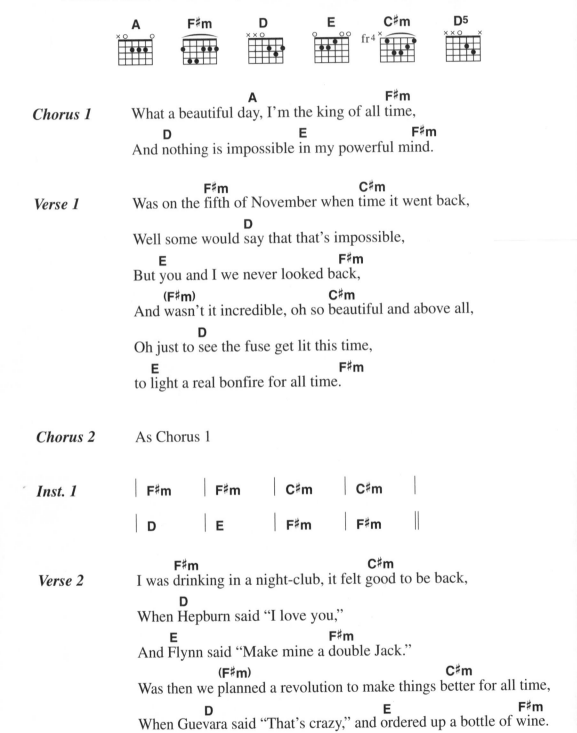

Chorus 1

                A   **F#m**
What a beautiful day, I'm the king of all time,
   D   **E**   **F#m**
And nothing is impossible in my powerful mind.

Verse 1

                F#m   **C#m**
Was on the fifth of November when time it went back,
                     D
Well some would say that that's impossible,
       E   **F#m**
But you and I we never looked back,
   (F#m)   **C#m**
And wasn't it incredible, oh so beautiful and above all,
       D
Oh just to see the fuse get lit this time,
   E   **F#m**
to light a real bonfire for all time.

Chorus 2   As Chorus 1

Inst. 1 | F#m | F#m | C#m | C#m |

               | D | E | F#m | F#m ||

Verse 2

                F#m   **C#m**
I was drinking in a night-club, it felt good to be back,
       D
When Hepburn said "I love you,"
       E   **F#m**
And Flynn said "Make mine a double Jack."
     (F#m)   **C#m**
Was then we planned a revolution to make things better for all time,
       D   **E**   **F#m**
When Guevara said "That's crazy," and ordered up a bottle of wine.

Chorus 3   As Chorus 1

Chorus 4   As Chorus 1

Verse 3
F♯m   C♯m
In there on the big screen, every night I've seen
        D   E   F♯m
The way all things could be ____
          C♯m   D   E   F♯m | D5   ‖
Oh for me, ____ oh for me, ____ for me, ____ for me.

Inst. 2 | A | A | F♯m | F♯m |

               | D | E | F♯m | F♯m   ‖

Verse 4
        F♯m
The news broke after midnight,
        C♯m
And we pulled the temples down without a sound,
        D
But the generals were hiding out,
        E   F♯m
The ministers, well… they'd all gone to ground.
(F♯m)   C♯m
Wealth redistribution became the new solution,
        D   E   F♯m
So I got a paper bag, and you got the one with all the holes.

Chorus 5   As Chorus 1

Chorus 6   As Chorus 1

Outro
(F♯m)   D   E   F♯m
Oh yeah and nothing is impossible in my all powerful mind,
                      D   E   F♯m
That's because nothing is impossible in my powerful mind.

When You're Gone

Words & Music by
Bryan Adams & Eliot Kennedy

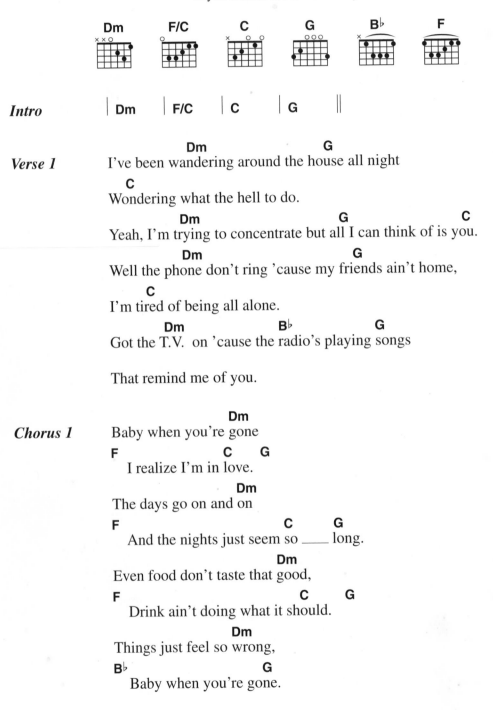

Intro | Dm | F/C | C | G   ‖

Verse 1
                Dm   **G**
I've been wandering around the house all night
  C
Wondering what the hell to do.
           Dm   **G**   **C**
Yeah, I'm trying to concentrate but all I can think of is you.
          Dm   **G**
Well the phone don't ring 'cause my friends ain't home,
    C
I'm tired of being all alone.
          Dm   **B♭**   **G**
Got the T.V. on 'cause the radio's playing songs

That remind me of you.

Chorus 1
              Dm
Baby when you're gone
F   **C** **G**
  I realize I'm in love.
         Dm
The days go on and on
F   **C** **G**
  And the nights just seem so ___ long.
          Dm
Even food don't taste that good,
F   **C** **G**
  Drink ain't doing what it should.
        Dm
Things just feel so wrong,
B♭   **G**
  Baby when you're gone.

Verse 2

           Dm   **G**
I've been driving up and down these streets

    C
Trying to find somewhere to go.

          Dm   **G**   **C**
Yeah, I'm looking for a familiar face but there's no one I know.

      Dm   **G**
Ah, this is torture, this is pain,

     C
It feels like I'm gonna go insane.

      Dm   **B♭**
I hope you're coming back real soon,

        G
'Cause I don't know what to do.

Chorus 2   As Chorus 1

Solo   ‖: **Dm** | **G** | **C** | **C**   :‖ *Play 3 times*

          | **Dm** | **B♭** | **G** | **G**   ‖

Chorus 3

                 Dm
Baby when you're gone

F   **C**   **G**
    I realize I'm in love.

               Dm
The days go on and on

F   **C**   **G**
    And the nights just seem so ___ long.

                 Dm
Even food don't taste that good,

F   **C**   **G**
    Drink ain't doing what it should.

               Dm
Things just feel so wrong,

B♭   **G**
    Baby when you're gone. ___

               Dm
Baby when you're gone,

B♭   **F**
    Yeah, baby when you're gone.

Wonderful Tonight

Words & Music by
Eric Clapton

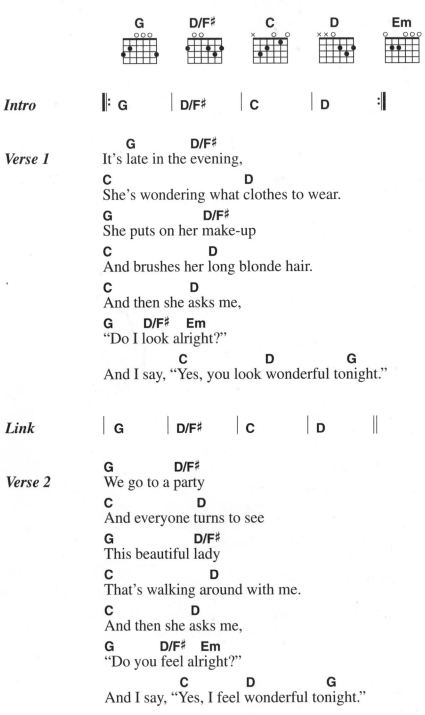

Intro ‖: G | D/F♯ | C | D :‖

Verse 1

G   D/F♯
It's late in the evening,

C   D
She's wondering what clothes to wear.

G   D/F♯
She puts on her make-up

C   D
And brushes her long blonde hair.

C   D
And then she asks me,

G   D/F♯   Em
"Do I look alright?"

            C   D   G
And I say, "Yes, you look wonderful tonight."

Link | G | D/F♯ | C | D ‖

Verse 2

G   D/F♯
We go to a party

C   D
And everyone turns to see

G   D/F♯
This beautiful lady

C   D
That's walking around with me.

C   D
And then she asks me,

G   D/F♯   Em
"Do you feel alright?"

            C   D   G
And I say, "Yes, I feel wonderful tonight."

Bridge

       C   D
I feel wonderful because I see

         G   D/F♯   Em
The love-light in your eyes,

            C   D
And the wonder of it all

                C   D   G
Is that you just don't realise how much I love you.

Link   𝄆 G | D/F♯ | C | D   𝄇

Verse 3

 G   D/F♯
It's time to go home now

 C   D
And I've got an aching head,

 G   D/F♯
So I give her the car keys,

 C   D
She helps me to bed.

 C   D
And then I tell her

 G   D/F♯   Em
As I turn out the light,

              C   D   G   D/F♯ Em D
I say, "My darling, you were wonderful tonight.

           C   D   G
Oh my darling, you were wonderful tonight."

Coda   𝄆 G | D/F♯ | C | D   𝄇 G   𝄂

You're Gorgeous

Words & Music by
Steven Jones

C/G   F/A   Fadd9   C   F   F/G

Intro | C/G | F/A | C/G | Fadd9 ||

Verse 1
    C   F
Remember that tank top you bought me?
   C   F/G
You wrote "you're gorgeous" on it,
   C   F
You took me to your rented motor car
   C   F/G
And filmed me on the bonnet.

Verse 2
    C   F
You got me to hitch my knees up
   C   F/G
And pull my legs apart,
   C   F
You took an Instamatic camera,
   C   F/G
And pulled my sleeves around my heart.

Chorus 1
      C   F
Because you're gorgeous
     C   F/G
I'd do anything for you,
      C   F
Because you're gorgeous
    C   F/G
I know you'll get me through.

Verse 3

    C   F

      You said my clothes were sexy,

    C   F

      You tore away my shirt,

    C   F

      You rubbed an ice cube on my chest,

    C   F

Snapped me 'til it hurt.

Chorus 2

              C   F

Because you're gorgeous

       C   F/G

I'd do anything for you,

              C   F

Because you're gorgeous

       C   F/G

I know you'll get me through.

Instrumental ‖: C | F | C | F   :‖ *Play 4 times*

Verse 4

    C   F

      You said I wasn't cheap,

    C   F/G

      You paid me twenty pounds,

    C   F

      You promised to put me in a magazine

       C   F/G

On every table in every lounge.

Chorus 3

              C   F

‖: Because you're gorgeous

       C   F/G

I'd do anything for you,

              C   F

Because you're gorgeous

       C   F/G

I know you'll get me through. :‖ *Repeat to fade*

                                       with vocal ad lib.

Voulez-Vous

Words & Music by
Benny Andersson & Björn Ulvaeus

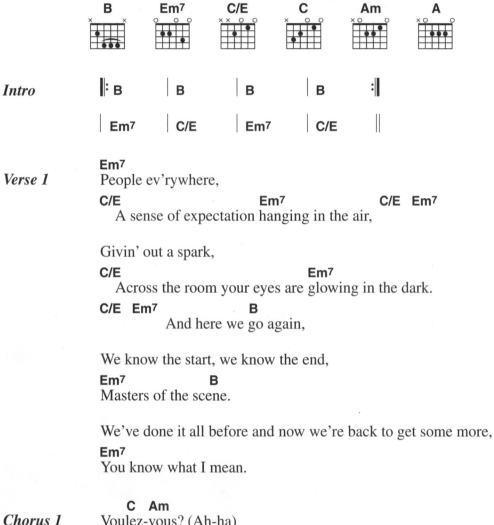

Intro

‖: B | B | B | B :‖

| Em⁷ | C/E | Em⁷ | C/E ‖

Verse 1

Em⁷
People ev'rywhere,

C/E   Em⁷   C/E Em⁷
  A sense of expectation hanging in the air,

Givin' out a spark,

C/E   Em⁷
  Across the room your eyes are glowing in the dark.

C/E Em⁷   B
    And here we go again,

We know the start, we know the end,

Em⁷   B
Masters of the scene.

We've done it all before and now we're back to get some more,

Em⁷
You know what I mean.

Chorus 1

    C Am
Voulez-vous? (Ah-ha)

Take it now or leave it, (ah-ha)

Now is all we get, (ah-ha)

              Em⁷
Nothing promised, no regrets.

    C Am
Voulez-vous? (Ah-ha)

cont.   Ain't no big decision, (ah-ha)

You know what to do, (ah-ha)

                Em⁷
La question c'est voulez-vous?

   C A
Voulez-vous?

Instrumental ‖: **B** | **B** | **B** | **B**   :‖

            | **Em⁷** | **C/E** | **Em⁷** | **C/E** ‖

           Em⁷
Verse 2   I know what you think,
           C/E   **Em⁷**   **C/E Em⁷**
      "The girl means business so I'll offer her a drink."

Lookin' mighty proud,
C/E   **Em⁷**
    I see you leave your table, pushin' through the crowd.
C/E Em⁷   **B**
        I'm really glad you came,

You know the rules, you know the game,
Em⁷   **B**
Master of the scene.

We've done it all before and now we're back to get some more.
Em⁷
You know what I mean.

     C   Am
Chorus 2   Voulez-vous? (Ah-ha)

Take it now or leave it, (ah-ha)

Now is all we get, (ah-ha)
                       Em⁷
Nothing promised, no regrets.
   C Am
Voulez-vous? (Ah-ha)

Ain't no big decision, (ah-ha)

You know what to do, (ah-ha)
                Em⁷
La question c'est voulez-vous?

	B
Verse 3	And here we go again,

We know the start, we know the end,
Em⁷   **B**
Masters of the scene.

We've done it all before and now we're back to get some more,
Em⁷
You know what I mean.

                        C   Am
Chorus 3   Voulez-vous? (Ah-ha)

Take it now or leave it, (ah-ha)

Now is all we get, (ah-ha)
                        Em⁷
Nothing promised, no regrets.
                C   Am
Voulez-vous? (Ah-ha)

Ain't no big decision, (ah-ha)

You know what to do, (ah-ha)
                        Em⁷
La question c'est voulez-vous?
                C   A
Voulez-vous?

Instrumental ‖: **B** | **B** | **B** | **B**   :‖ **Em⁷** |

                C   Am   **Em⁷**
Outro   Voulez-vous? (Ah-ha, ah-ha, ah-ha)
                C   Am   **Em⁷**
Voulez-vous? (Ah-ha, ah-ha, ah-ha)
                        C   Am
‖: Voulez-vous? Take it now or leave it, (ah-ha)

Now is all we get, (ah-ha)
                        Em⁷
Nothing promised, no regrets. :‖ *Repeat to fade*

4/01 (39943)